中国学生素质拓展自助阅读

彩图版

说到就要做到

张培培/主编

当我们对别人许下承诺而无法兑现时，
当我们做错了事情而不敢承认时，
当我们面对诱惑而摇摆不定时，
请不要忘记，
诚实守信是一个人立身处世的根本，
唯有诚信的人才能得到别人的信任和尊重。

天津出版传媒集团
天津科学技术出版社

图书在版编目(CIP)数据

说到就要做到 / 张培培主编. —天津：天津科学技术出版社，2012.3（2019.6重印）

（中国学生素质拓展自助阅读）

ISBN 978-7-5308-6845-4

Ⅰ.①说… Ⅱ①张… Ⅲ.①阅读课-中小学-课外读物 Ⅳ.①G634.333

中国版本图书馆CIP数据核字（2012）第042624号

说到就要做到
SHUODAO JIUYAO ZUODAO

责任编辑：郑　新

出　　版：天津出版传媒集团
　　　　　　天津科学技术出版社
地　　址：天津市西康路35号
邮　　编：300051
电　　话：（022）23332674
网　　址：www.tjkjcbs.com.cn
发　　行：新华书店经销
印　　刷：三河市燕春印务有限公司

开本 700×1000mm 1/16　印张 9　字数 150 000
2019年6月第1版第3次印刷
定价:29.80元

前 言

读者们,作为一名学生,你的主要任务自然就是学习。要知道,学生阶段是一个人思维最活跃,对外界最好奇,求知欲也最强的阶段,也是每个人素质培养的奠基阶段。

可是,在学习的过程中,你也会遇到很多的烦恼。学校就像是一个小型的社会,你不光要与老师、同学相处,更要与自己那颗青春好动的心灵相处。

当遇到烦恼时,你会向谁倾诉呢?你又从何处获得帮助呢?强烈的自尊心也许让你不好意思把自己的秘密和朋友倾诉;告诉父母,又害怕他们说自己不专心学习;如果能有一个知心的朋友,倾听你的诉说,并守口如瓶地守护自己的秘密那就好了。

《中国学生素质拓展自助阅读》丛书就是这样的一个好朋友。它是我们专门送给你的礼物,帮你解决学生阶段大家最容易遇到的烦恼和困惑。它把素质拓展的理念融入丰富多彩的故事中,让你在轻松愉悦的阅读过程中得到成长。

丛书共分为八册,从思考创新、勇敢坚强、自信积极、欣赏他

人、宽容大度、勤学自律、诚实守信、感恩珍惜八个方面入手，所选内容专门针对大家在学习和生活中经常遇到的烦恼困惑，注重培养学生最应养成的良好习惯，为真正实现全方位拓展素质、提高能力打下基础。

丛书在选文上时刻关注学生群体的阅读习惯。书中有大量生动有趣的故事，情节丰富曲折，引人入胜。在道理的阐发上也紧密结合故事内容，自然、贴切，适合学生的阅读习惯。书中还特别设置了"轻轻告诉你"板块，启迪你去独立思考，真正达到自助阅读的目的。

本套丛书将成为你最忠实的伙伴，它不会泄露你的任何秘密；它鼓励你独立思考，养成良好的思维习惯；它帮助你控制自己的情绪，让你成为班级里的人气王；它鼓励你勇敢自信，让你知道做自己才是最美丽的；它提醒你学会感恩，对身边爱自己的人说声"谢谢"……

最重要的是，它让你坚信：求人不如求己，只有在自己心中埋下上进、积极的种子，你的素质才能真正得到拓展与提高。

目录

烽火戏诸侯 /1

柳季与岑鼎 /3

诚实的史官董狐 /8

崔枢诚信葬珠 /11

买啤酒的小男孩 /14

满意的白卷 /16

诚实的果实 /19

招聘考试 /21

讲诚信的富兰克林 /24

猴子称大王 /27

曾子杀猪 /32

华歆与王朗 /34

晋文公退兵制敌 /37

詹谷诚信守诺 /40

少年宋濂 /43

季札挂剑 /46

十二个第一名 /50

没被改写的人生 /53

莱古勒斯的故事 /58

曹操断发 /64

晏殊诚实无欺 /67

林肯当律师 /69

军官护棉花 /72

在冠军与诚实中选择 /75

快乐的穷艺人 /77

认　爹 /81

金斧与银斧 /88

商鞅立木取信 /91

陶四翁烧毁假紫草 /95

老商人妙选接班人 /97

讲究信誉的摩根先生 /100

一毛钱的诚信 /102

真诚的收获 /104

追赶承诺 /108

司马光说谎受责 /111

华盛顿与樱桃树 /115

列宁打碎花瓶 /119

向马认错 /122

欧阳修严谨治学 /124

永远的忏悔 /127

诚实的报偿 /129

逃难的国王 /131

孔子曰:"人而无信,不知其可也。"

烽火戏诸侯

周幽王是西周的最后一个君主，他荒淫无度，整天沉溺于吃喝玩乐，不理朝政。

他身边有个名叫褒姒的美女，很受周幽王的宠爱。可是褒姒自从进宫以后，整天闷闷不乐，从来没有笑过。

于是周幽王在宫中悬赏："有谁能让王妃娘娘笑一下，就赏金一千两。"

虢石父对周幽王说：

"早年为了防御犬戎的进犯，先王曾在骊山一带设置了许多烽火台，一旦有敌情，只要点燃晒干的狼粪，烟雾直冲云霄，附近诸侯看见后就会发兵相救。现在我们可以把那烽火点燃，让诸侯们见了赶来，上个大当。娘娘见许多兵马扑了个空，肯定会笑的。"

周幽王知道点燃烽火非同儿戏，可是为博美人一笑，竟然同意用这个荒唐的办法尝试一下，他下令立即点燃烽火。

诸侯们见骊山燃起狼烟，立即召集兵马火速赶来，到了京城

一看，才知道上了当。各路诸侯你推我搡，闹得不可开交，乱成一片。褒姒看到这样的场面，觉得十分有趣，不禁嫣然一笑。周幽王高兴极了，忙下令重赏虢石父。

后来，犬戎进犯京城，周幽王连忙下令点燃烽火。可是诸侯们因为上过一回当，没有一个救兵赶来。周幽王就这样被杀死了，西周也因此灭亡。

柳季与岑鼎

从前,鲁国有个宝贝,叫做岑鼎。

这只岑鼎形体巨大,气势宏伟雄壮,鼎身上还由能工巧匠铸上了精致美丽的花纹,让人看了有种震慑心魄的感觉,不由得赞叹不已。鲁国的国君非常看重和珍爱岑鼎,把它看做镇国之宝。

鲁国的邻国齐国幅员辽阔、人口众多,国力十分强盛。为了争夺霸权,齐国向鲁国发起了声势浩大的进攻。

鲁国较弱,勉强抵挡了一阵就全线溃败了。鲁国国君只好派出使者,去向齐国求和。齐国答应了,但是有个条件:要求鲁国献上岑鼎以表诚意。

鲁国的国君很是着

急:不献吧,齐国不愿讲和;献吧,又实在舍不得这个宝贝,如何是好呢?

正在左右为难之际,鲁国有个大臣出了个主意:

"大王,齐人从未见过岑鼎,我们何不另献一只鼎去,谅他们也看不出来。这样既能签订和约,又能保住宝贝,难道不是个两全之策吗?"

"妙啊!"鲁国国君拍手称是,大喜道,"就照你说的去办!"

于是,鲁国悄悄地换了一只鼎,假说是岑鼎,献给了齐国的国君。

齐国国君得了鼎,左看右看,心里直犯疑:这只鼎虽也称得上是巧夺天工,但似乎还是不如传说中的那样好,再加上鲁国答应得这样爽快,自己又没亲眼见过岑鼎,这只鼎会不会是假的呢?又能用什么方法才能验证它的真伪呢?要是

说到就要做到

弄得不好,到手的是一只假鼎,不仅自己受了愚弄,齐国的国威也会大大受损。

他思前想后没有法子,只好召集左右大臣一起商量。一位聪

明且又熟悉鲁国的大臣出点子说：

"臣听说鲁国有个叫柳季的人，非常诚实，是鲁国最讲信用的人，毕生没有说过半句谎话。我们让鲁国把柳季找来，如果他也

说这只鼎是真的，那我们就可以放心地接受鼎了。"

齐王同意了这个建议，派人把这个意思传达给了鲁国国君。

鲁国国君没有别的路可走，只好请来柳季，对他把情况讲明，然后央求他说：

"就请先生破一回例，说一次假话，以保全宝物。"

柳季沉思了半晌，严肃地回答道：

"您把岑鼎当做最重要的东西，而我则把信用看得最为重要，它是我立身处世的根本，是我用一辈子的努力保持的东西。现在大王想要微臣破坏自己做人的根本，来换取您的宝物，恕臣不能办到。"

鲁国国君听了这番义正词严的话，知道再说下去也没有用，只好将真的岑鼎献给了齐国，签订了停战和约。

诚实的史官董狐

晋灵公是春秋时期晋国有名的昏君。他在位时，不但搜刮民财，乱收赋税，还时常站在城楼上，用弹弓射街上来往的行人取乐。有一次，厨师为他炖熊掌没炖熟，他竟然一怒之下把厨师杀了。

晋国的一位大臣赵盾，眼看着晋国要毁在晋灵公的手里，就几次劝说他。可晋灵公不但不虚心接受，反而在心里算计着如何除掉这个让他不高兴的人。

一天，晋灵公请赵盾喝酒。吃饭的时候，早已埋伏好的十几个士兵突然冲上来把赵盾包围起来，要杀害他。幸亏赵盾武艺高强，才逃了出来。

后来，赵盾的一个亲戚找机会杀死了晋灵公，为赵盾报了仇，并且立了新的国君，把在外避难的赵盾重新接回来，让他官复原职。

那时候，君主再昏庸也是不能杀的。臣下如果杀了君主，就

说到就要做到

是不忠不义。现在有人杀了君主,却没人想承担罪名。于是,赵盾就想看一看史官是如何记录这件事的。

一天下午,赵盾来到当时负责编写晋国国史的太史官董狐的房间。他拿起记录历史的竹简一看,很生气地对董狐说:"晋灵公死的时候我不在朝中,怎么能说是我杀的呢?你这样乱写,诬蔑朝廷命官,是要杀头的。"

董狐不慌不忙地说:"那时你不在国都不能怪你,可是,你现在身为朝廷大臣,却从未追究过杀死国君的人。"

赵盾一听,觉得也是这么回事,但他坚持说:"还是修改一下吧,改了对大家都有好处。"

董狐严肃地说:"作为一个史官,最重要的就是诚实。黑就是黑,白就是白,来不得半点虚假,否则就是对后人的欺骗。我的职责就是记录真实的历史,让我为了个人私利改写史书,那是无论如何也做不到的。丢脑袋对于我来说是件小事,丢掉了一个史官应有的节操可是件大事啊。"

赵盾听了董狐的一番话,被他这种诚实的品德打动了,没说什么就走了,从那以后,再也没有为难董狐。

董狐这种不畏强权书写真实历史的职业精神,一直被后代史官奉为楷模。

崔枢诚信葬珠

古时候,有个叫崔枢的人去汴梁考进士,同南方一位商人住在一起达半年之久,两人成了好朋友。

后来,这位商人不幸得了重病。崔枢是个热心人,不但没有因为商人有病就厌弃他,反而对他百般照顾。

可商人的病始终不见好,临终前,他对崔枢说:

"看来,我的病是治不好了。按照我们家乡的风俗,人死了要土葬,希望你能帮我这个忙。"

崔枢答应了他的请求。

商人接着又说:

"你对我恩重如山,可我无以为报,只有一颗稀世宝珠,请允许我将它送给你作为报答吧!"说着便把宝珠放在了崔枢的手中。

崔枢手捧着宝珠,对商人说:

"我们相识是缘。你生了病,我照顾你,这是理所当然的。

你千万不必太在意,不要再说什么报答不报答的话了。再说,我是个穷书生,奔走于各州郡之间,居无定所,怎么能收藏这么贵重的宝珠呢?"

那商人说:

"我现在已是将死之人了,远离家乡,留着这颗宝珠也没什么用,你就把它留下做个纪念吧!"话刚说完,商人就咽气了。

商人死后,崔枢在安葬他时,不动声色地把宝珠放进棺材,

葬入了坟墓。

一年后，商人的妻子从南方千里迢迢来寻夫，并追查宝珠的下落。她怀疑是崔枢拿走了宝珠，于是报了官府。

官府派人逮捕了崔枢，面对衙役他却毫无惧色，心平气和地说道："如果他的墓没有被盗的话，宝珠一定还在棺材里。"于是，官府派人挖墓开棺，宝珠果然还在棺材里。

由于崔枢德才学识出类拔萃，官府极力挽留他到府中做事，但他不肯。

第二年，崔枢考中进士，后来出任主考官，一直享有清廉的美誉。

买啤酒的小男孩

尼泊尔是一个多山的小国,紧靠着喜马拉雅山的南边,和我国的西藏地区相邻。因为自然条件的限制和国家的贫穷,很少有外国人来到这儿。

当地的生活条件很落后,商业也不发达,摄影队连吃喝都很困难。有一次,几位日本摄影师想喝啤酒,就找到村子里的一个男孩,让他去替他们买啤酒。买啤酒得去很远的地方,男孩走了3个多小时才买到啤酒。第二天,摄影队又让男孩去买啤酒,这次给了他很多钱。整整一天过去了,男孩一直没有回来。摄影师们都说,男孩肯定把钱骗走不回来了。

后半夜,摄影师们已经睡下了,突然听到了男孩的敲门声。他们打开门,只见浑身是泥的男孩抱着几瓶啤酒走了进来。原来,男孩那天走了几个小时,只买到了4瓶啤酒。为了买到其他几瓶啤酒,他翻过了一座大山,又蹚过了一条大河,终于买够了10瓶啤酒。可是在返回的路上,因为路远山陡,累极了的男孩连摔了几

跤,摔碎了几瓶啤酒。

男孩哭着向摄影师们道歉,并且交还了找回的零钱。摄影师们被深深地感动了,他们为自己对男孩的猜测感到十分惭愧。摄影师们回国后,到处向人讲述这个小男孩的故事。

不久,日本的许多报刊都对此事作了报道。许多日本人不仅被摄影师拍摄的原始自然风光吸引,更被男孩的诚实深深地打动了。从那以后,到尼泊尔观光旅游的日本游客越来越多,极大地推动了尼泊尔旅游业的飞速发展。

满意的白卷

期末考试的最后一天,在一幢楼的台阶上,一群即将毕业的高年级学生挤作一团,正在讨论几分钟后就要开始的考试,这是他们最后一次考试。他们的脸上充满了自信,因为他们相信自己一定可以跟以前一样顺利地通过考试。

一些人开始谈论他们暑假的计划,另外一些人则谈论他们将会得到的兼职工作。

考试开始了,亨利老师走进考场说:"这是最后一次考试,你们可以带着书或笔记本,但不能相互说话。教室里需要保持安静。祝你们顺利。"

说完,教室里立刻安静下来。

当老师把试卷分发下去后,学生们见只有五道评论类型

说到就要做到

的考题时,脸上的笑容更灿烂了。"太简单了,看我们谁做得最快?"大家互相调笑着。

但两个小时过去了,没有人提前交卷。亨利老师开始收试卷。学生们看起来不再自信了,他们的脸上是一种恐惧。

教室里更加安静了。亨利老师俯视着他面前这些焦急的面孔,然后问:"完成五道题目的有多少人?"

没有一只手举起来。

"完成四道题的有多少?"

仍然没有人举手。

"三道题?两道题?"

学生们不安地在座位上扭来扭去。

"那么一道题呢?肯定有人完成了一道题。"亨利老师最后问道。

但整个教室依然沉默。亨利老师放下了试卷。"这正是我期望得到的结果。"他说。

"亲爱的同学,你们手里的试卷,对于你们来说,确实比较困难,因为这些问题你们根本就没有接触过。"

他接着说,"所以你们没有做出来,一点都不奇怪。相反,如果有人做出来,反而会让我感到惊讶。"

　　然后他微笑着补充道:"但是,我很高兴,因为你们每一个人都通过了这次考试,一次有关品德的考试,那就是诚实。很高兴你们没有让我失望。在这个最后的时刻,我需要对你们说的是:希望你们一直保持这种品德,因为你们很快会发现这会为你们带来幸福和快乐!"

　　随着时间的流逝,老师的名字或许已经被遗忘,但是他的这堂课却没有一个学生遗忘。

诚实的果实

有一天,亚历山大大帝到花园散步。在水榭亭台旁边,他看到一个年轻的侍从因疲倦而靠在石柱上沉沉地睡着了,而且腮边还挂着点点泪珠。

亚历山大大帝觉得有些生气,刚想厉声喊醒那个偷懒的侍从,却看到一封已拆开的信从侍从的衣袋里掉了出来。在好奇心的驱使下,亚历山大大帝拾起那封信。

原来信是侍从的母亲写来的,信上说侍从上次托人带回家的钱已经买了药,够吃些日子了,并劝慰儿子不要记挂母亲的身体。

看完信,亚历山大大帝深感母爱的伟大和儿子的孝顺,他从自己口袋里取出一袋金币,连同信一起放在侍从的衣袋里,转身返回了宫殿。

过了不久,侍从醒来了,下意识地摸了摸衣袋里的信,竟意外地发现在衣袋里还有一袋金币,并且金币的袋子上还绣有亚历山大的名字。侍从顿时惊出一身冷汗,心里害怕极了。为了表明清

白,侍从连忙来到宫殿求见亚历山大大帝。

亚历山大大帝听到禀报后,立即接见了那个侍从,并大声问道:"你有何事想见本王?"

"尊敬的陛下,小人刚才没有忠于职守,偷懒睡了一会儿,醒来时发现衣袋里有一袋金币,可这是陛下的金币。望陛下明察。"说完,侍从手捧那袋金币递给亚历山大大帝。

亚历山大大帝听后,和蔼地笑道:"看来,你很诚实,那么这袋金币就是你诚实的果实。现在你可以把这些金币捎回家,给母亲买药治病,并代我向她问候。"

招聘考试

雅利安公司是美国环球广告代理公司,因为业务需要,公司准备招聘四名高级职员。安东尼幸运地成为10名复试者中的一员,主持复试的是全球闻名的大企业家贝克先生。

安东尼一走进会客厅,坐在沙发上的一名考官便立即站了起来,这人正是贝克先生。

"原来是你!我找你找了很长时间了。"贝克先生一脸的惊喜,转过身对在座的几位考官说道:"先生们,向你们介绍一下:这位就是救我女儿的那位年轻人。"

安东尼的心狂跳起来,还没容得他说活,贝克先生把他一把拉到旁边的沙发上坐下,说道:

"我划船技术太差了,把女儿掉进了密西西比河中,要不是这位年轻人就麻烦了。真抱歉,当时我只顾看女儿了,也没来得及向你道谢。"

安东尼竭力抑制住心跳,抿抿发干的双唇,说道:"很抱歉,

贝克先生。我以前从来没见过您,更没救过您女儿。"

贝克先生又一把拉住安东尼:

"你忘记了?4月2日,密西西比河上……肯定是你!我记得你脸上有块痣,年轻人,你骗不了我的。"

安东尼站起来说:"贝克先生,我想您肯定弄错了。我没有

救过您女儿。"安东尼说得很坚决,贝克先生一时愣住了。

忽然,他又笑了:"年轻人,我很欣赏你的诚实。我决定录用你了。"

几天后,安东尼幸运地成了雅利安公司的职员。

有一次,安东尼和公司的戴维先生闲聊,他问戴维:"救贝克先生女儿的那位年轻人找到了吗?"

"贝克先生的女儿?"戴维先生一时没反应过来,接着他大笑起来:"他女儿?有七个人因为他女儿被淘汰了。其实,贝克先生根本没有女儿。"

讲诚信的富兰克林

富兰克林是18世纪的美国人,是著名的科学家,同时还是一个著名的社会活动家。

他出身在一个世代打铁的工匠家庭,由于家里孩子多,父母很难靠打铁来维持生活。

后来他的哥哥在城里办了一家报纸,富兰克林到那里当学徒,但他的哥哥对他非常刻薄,经常因为一点小事就责骂他,有时候还毒打他,这使富兰克林不堪忍受,不久就离开了那里。

后来,他流落到费城,有一个叫凯谋的人让富兰克林帮他管理他开的印刷铺子,并且许诺给他很高的薪金。富兰克林暂时找不到别的工作,就答应了。

当时,富兰克林已经是一个熟练工人,而凯谋雇佣的其他工人都是对印刷、排版、装订不怎么了解的人。凯谋付给这些人的工资非常低。聪明的富兰克林看到这种情况,就猜到凯谋是想让他把这些廉价雇佣来的工人训练成熟练工人,然后再把自己赶走。

尽管富兰克林已经猜到凯谋的心思，可是他想，既然答应接受这份工作，就应该尽力做好，要对自己的工作认真负责，不能因为老板不好，就影响自己对工作的认真态度。于是，他就每天教这些工人一些技术，甚至把自己发明出来的制作字模的方法也传授给了这些人。

凯谋最初对富兰克林还很客气，几个月后，他发现自己廉价雇佣来的工人已经基本掌握了排版印刷技术，于是就开始无缘无故地找富兰克林的麻烦，无端地克扣他的工资。

有一次，凯谋竟然指着富兰克林的鼻子骂他是蠢猪。富兰克林气得说道："凯谋，你请我来就是为了给你训练工人。现在他们

都是熟练的工人了,你就可以赶我走了,我早就猜出你的心思了。不过,你放心,我富兰克林做人向来讲求诚信,不会因为你的卑鄙就传授给他们错误的技术,将来你解雇他们的时候,他们凭借自己的手艺也可以很容易地找到工作。"

说完,富兰克林收拾行李就离开了铺子。

猴子称大王

猴子给老虎当差,为老虎传达各种命令。每当老虎要猴子办什么事情时,就从身上拔下一根毛,交给猴子。猴子手里有一根老虎毛,说话特别灵,它今天命令狐狸向老虎进贡一只山鸡,明天命令梅花鹿向老虎献一对鹿茸……总之,拿上一根老虎毛,要什么有什么,猴子觉得特别开心。

后来，老虎死了，猴子觉得今后再也不能向别人发号施令了。猴子正在痛苦的时候，忽然看见老虎身上那金光闪闪的毛，心中闪出一个念头：我之所以能命令别人，靠的是老虎毛。现在老虎虽然死了，但它的毛还在，我为什么不可以拿上老虎毛继续下命令呢？于是，猴子把老虎皮珍藏起来，偷偷地把老虎尸体埋掉了。

猴子拿出一根老虎毛对一只兔子说："听着，老虎叫你弄一筐仙桃来。"

兔子弄来一筐仙桃。猴子又拿出一根老虎毛，说："去！老虎想吃红枣，快去弄来！"

兔子弄来了红枣。猴子又叫它去弄花生，等弄来了花生，又叫它去弄栗子。兔子奇怪地想："老虎怎么现在净吃素，不吃荤呢？"

这天早晨，兔子早早地在老虎洞口等着猴子传达命令。可等了半天，猴子还不出来。兔子很好奇，就伸着脖子往洞里张望。它看见猴子刚起床，一边穿衣服，一边自言自语地说："今天叫兔子去给我弄点什么呢？对了，叫它去弄些梨来解解馋。"

猴子钻到床底下，从老虎皮上拔下一根毛，走出老虎洞。兔子看清这一切，赶回到洞口，等待猴子下命令。兔子从猴子手中接过老虎毛，一溜烟儿地跑下山去，一边跑，一边喊："老虎死了，

猴子凭着几根老虎毛称王呢!大家快来看哪!"

山民们包围了老虎洞。猴子仍然手捏老虎毛叫大家安静。可谁愿意听它的呢?

兔子进洞把老虎皮拖出来,猴子的脸和屁股全红了,再也变不过色来了。

轻轻告诉你

诚信是做人之本

参天大树之所以挺拔，靠的是深扎大地的树根；凌云高楼之所以耸立，靠的是厚重坚硬的地基，那么，人，又是靠什么来支撑起美丽的人生呢？那就是——诚信！所谓诚信，就是诚实守信，表里如一，言行一致。

诚信是中华民族的传统美德，是每个人的立身之本。坚守诚信，就是坚守气节和操守；坚守诚信，就是坚守做人的根本。正因为如此，柳季宁死也不愿用自己的诚信去换国之重宝；董狐敢于不畏强权，秉笔直书；崔枢面对宝珠的诱惑而不为之心动。他们的故事千百年来为人传颂，被奉为诚信的典范。

相比之下，西周时的周幽王烽火戏诸侯则成了不讲信用的典型。周幽王为博得妃子一笑，点烽火谎报军情，终因"失信"于诸侯落得个城破身亡的下场。这教训可谓惨痛呀！

在日常生活中,我们如果失信于人,虽然不会失去自己的国家,但会失去信任,失去朋友,从而无法在社会上立足,正如孔子所说:"人而无信,不知其可也"。

小读者们,诚信是衡量一个人的标准。让我们守住诚信的阵地,笑看诚信之花遍地绽放。

曾子杀猪

曾参是孔子的门生，此人博学多才，且十分注重修身养性，德行高尚。

有一次，他的妻子要去集市买东西，儿子知道了，吵着要跟去。曾子的妻子没办法，只好哄骗他说："你在家好好玩，等妈妈回来，将家里的猪杀了煮肉给你吃。"孩子听了，非常高兴，不再吵着要去集市了。这话本是说着玩的，过后，曾子的妻子便忘了。

不久，曾子的妻子从集市上回来了，一进门，就看见曾子蹲在地上，霍霍地磨刀，准备杀猪。

他的妻子慌忙上前，一把拉着曾子的手，说道："你怎么真要把猪杀了呀？我只不过是骗骗孩子，和小孩子说话何必当真呢？"

曾子严肃地说："你怎么能欺骗孩子呢！要知道，孩子还不懂事，他的一举一动都跟着父母学，你现在欺骗了他，他以后就会学你的样去欺骗别人！"

妻子听后惭愧地低下了头，夫妻俩真的把猪杀了，让儿子美美地饱餐了一顿。

曾子杀猪的故事一直流传至今，他的人品为后代人所尊敬。

华歆与王朗

华歆与王朗是一对好朋友，两个人都很有学识，德行也受到大家的称赞，分不出谁好一些，谁差一点。

有一年，洪水泛滥，淹没了许多村庄和大片的良田，百姓叫苦连天。华歆和王朗的家乡也遭了灾，房子都被大水冲走了，盗贼也趁火打劫，很不太平。无奈之下，华歆和王朗只得一起乘船去避难。

船上的人都到齐了，物品也装妥了，马上就要解缆离岸出发。这时候，远处忽然奔过来一个人，他背着包袱跑得气喘吁吁，大汗淋漓。这个人也顾不得擦汗，一边朝这边挥手一边扯开嗓子大叫道："先别开船，等等我，等等我呀！"

这人好不容易跑到船跟前，上气不接下气地说："船都被人叫完了，没有人肯收留我，我远远看到这边还有一条……船，就跑过来……求求你们……带上我……一起走吧……"

华歆感到很为难，王朗却很大方地说："华歆兄，你怎么

这么小气,船上还很宽松,见死不救可不是君子所为,带上人家吧。"

华歆见王朗这样说,就不再坚持自己的意见,略微沉思片刻,答应了那人的请求。

华歆、王朗他们的船平安地走了没几天,就碰上了盗贼。盗贼们划船追过来,眼看越追越近了,船上的人们都惊慌不已,不知该怎么办好,拼命地催促船家。

王朗也害怕得不行,他找华歆商量说:"现在我们遇上盗贼,情况紧急,船上人多了没有办法跑得更快。不如我们叫后上船的那个人下去吧,也好减轻些船的重量。"

华歆听了,严肃地回答道:"起初,我考虑良久,犹豫再三,就是怕人多了行船不便,弄不好会误事,所以才拒绝人家。可是现在既然已经答应了人家,怎么能够出尔反尔,因为情况紧急就把人家甩掉呢?"

王朗听了这番话,面红耳赤,羞愧得说不出话来。在华歆的坚持下,他们还是像当初一样携带着那个后上船的人,始终没有抛弃他。而他们的船也终于在大家的共同努力下,摆脱了盗贼,安全地到达了目的地。

晋文公退兵制敌

晋献公的宠妃骊姬为把自己的亲生儿子奚齐立为嗣君,设计害死了晋献公的长子申生,同时也将公子重耳和夷吾逼走了。

重耳历尽千辛万苦,游历诸侯各国,过着流亡的生活,很多国家对他态度冷淡,有的甚至不肯收留他。

后来,重耳来到楚国,楚成王热情地接待了他,这让他非常感动。

一天,楚成王设宴款待重耳,忽然问道:"如果公子能够回到晋国做国君,将怎样报答我?"

这个问题可把重耳难住了,他低头想了一下,回答说:"奇珍异宝,楚国都不缺少,我也不知道该怎样报答您。"楚成王说:"不能一点表示都没有吧!"重耳只好回答:"如果我能够回国当上国君,将来万一楚晋交战,双方军队相遇,我将会率军退避三舍。"楚王满意地点了点头。

重耳离开楚国后到达秦国。在秦穆公的帮助下,在外漂泊了

19年的他终于回到了晋国，登上了君位，他就是有名的晋文公。晋文公励精图治，很快使晋国强大起来。

后来，楚国攻打宋国，宋国向晋国求救。晋文公率领军队救援，终于与楚军在城濮相遇，想不到他在楚成王面前所说的"万一楚晋交战"竟变成了事实。其实，在那个诸侯混战的年代，大国之间刀兵相见算不了什么稀奇事，只是楚成王没有想到晋国的发展会这么快，现在竟然可以与楚国抗衡了，当时的一句"戏言"不幸被言中了。

为了遵守当时许下的诺言，晋文公下令晋军后退九十里，晋军将士都不能接受这个事实。他们认为退兵就意味着失败，目前晋军士气正旺，怎么能因为当时的一句玩笑而退兵呢。

唯有大臣狐偃明白晋文公的用意。他劝大家说："退避三舍，一来可以避楚的锐气，积蓄自己的力量；二来可以使国君立信于世人，这是上好的计策呀！"晋文公正是这样想的，退避三舍是非常有利的，并非意味着失败。

但楚军却认为晋军胆怯,不敢迎战,顿时神气了起来,以为晋军不堪一击,便趁晋军退军之际,迫不及待地进攻。

谁知晋军收缩防线,退到了有利的地形处,便进行了有力的回击,很快就把楚军打败了。

城濮一战,奠定了晋文公称霸诸侯的基础,使他成为春秋五霸之一。

詹谷诚信守诺

古时候有个叫詹谷的人,家境贫寒,为人忠厚守信。

上海崇明岛有一家店铺,店主是四川万县(今重庆万州)的一位陈姓老人,他雇请了詹谷来店铺做伙计。

詹谷勤勉能干,待客诚恳耐心,凡詹谷经手的钱财物品都一清二楚,店铺的生意越来越好,店主把很多事都交给詹谷去做,对待他就像对待自己的家人一样。

后来,店主收到家信,说是妻子病重,要他赶紧回去。店主看出詹谷是位诚实君子,便将整个店铺托付给詹谷,自己回了老家。詹谷答应店主会尽力帮忙照顾店铺的生意,希望他快去快回。店主本来就年老体衰,加上忧虑焦心及长途跋涉,刚到家就一病不起,很快就病逝了。两地相隔千里,讯息闭塞。店主走后,詹谷独自照顾着店铺的生意,不敢有丝毫松懈,生意发展得很好。他曾想回家探望父母妻儿,但因店主还没回来,所以一直没有能够回去。

光阴似箭,日月如梭,一晃十年过去了。一天,店铺里来了个年轻人,与店主长得十分像,詹谷一问,原来是店主的儿子。詹谷得知店主早已去世后,想起当年店主对自己的知遇之恩,不禁潸然泪下。

詹谷随即取出十年来的账簿交给店主儿子,店主儿子一看,所有账目清清楚楚。接着他又带着店主儿子清点实物,并一一交接。店主儿子非常感动,立即付给詹谷十年来的薪水,并馈赠他四百两银子。

詹谷收下了薪水,对赠送的银子却坚决不收,说:"受人之恩,理当相报;受人之托,理当守诺。我只是做了我应该做的事,你也不必再言谢。只是我已经出来十年,如今你来了,还请公子允许我回老家去与家人团聚。"

　　詹谷临走时,向店主儿子殷殷叮嘱店铺的生意,然后背起简单的行李告辞了。店主儿子十分惋惜没能留住詹谷,感叹道:"真是位诚信的君子啊!"崇明岛一带的百姓听说了詹谷的事迹,无不叹服。

　　诚实守信是中华民族的传统美德。詹谷受店主之托,十年如一日,兢兢业业经营店铺,不愧是诚信君子。

说到就要做到

少年宋濂

明朝著名学者宋濂少年时特别喜欢读书,关于他少年求学的经历,流传着这样一段佳话。

宋濂小时候家里很穷,买不起书,所以,每次都是从别人家里借书来读。每次借书,他都按时归还,从不延期。因此,人们都愿意把书借给他。

有一次,他从别人那里借到了一本好书,越读越爱不释手,便决定把书抄下来。可是,还书的期限快到了,他便决定连夜抄书。

时值寒冬腊月,滴水成冰。夜深了,母亲见他仍伏案抄书,便心疼地劝道:

"孩子,都深更半夜了,天又这么冷,天亮了再抄吧。人家又

不是急等这书看。"

宋濂说:"不管人家等不等这本书看,到期限就要还,这是个诚信问题,也是尊重别人的表现。如果说话做事不讲信用,失信于人,怎么可能得到别人的尊重呢?"

又有一次,宋濂要去远方向一位著名学者请教,已经约好了

见面日期。

谁知出发那天,突然下起了鹅毛大雪,漫山遍野一片白色,西北风还猛烈地刮个不停。

当宋濂挑起行李准备上路时,母亲拉住他问:"儿啊!你这是要去哪里呀?"

"我去向老师请教啊,这不是早就约好的吗?"宋濂回答母亲说。

"可是,这样的天气怎能出远门呀?再说,老师那里早已大雪封山了。你这一件旧棉袄,抵御不住深山的严寒啊!"

宋濂说:"娘,今天不出发就会错过跟老师约定的日期,这就失约了。失约就是对老师不尊重啊。风雪再大,我都得上路。"

说完,宋濂毅然冒着风雪上路了。

当宋濂赶到老师家里时,老师不住地称赞道:"年轻人,守信好学,将来必有出息!"

果然,诚信求学的宋濂后来成为我国历史上有名的学者。

季札挂剑

季札，春秋时期吴国人，是吴国国君的第四子。他博学多才，品行高尚。

一次，季札遵照国君的旨意出使各诸侯国。他中途经过徐国，受到徐国国君的热情款待。两人意气相投，谈古论今，十分投机。

席间，徐国国君说："吴越宝剑，天下闻名。公子何不以所佩之剑乘兴起舞，让大家一饱眼福？"季札爽快地答应了下来。

于是，季札手握宝剑，随着悠扬的乐曲声翩翩起舞。

这把佩剑不是一般的剑，剑鞘精美大方，上面雕刻着蛟龙戏珠的图案，镶嵌着上等宝石，在灯光的照耀下显得格外精致。剑锋犀利，是用上好的钢制成的，看起来寒光闪闪，令人不寒而栗，挥舞起来更是银光万道，威力无穷。

徐国国君情不自禁地高声叫道："好剑！好剑！果然名不虚传！"

 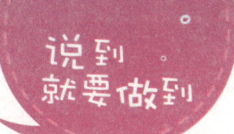

季札看得出徐国国君非常喜欢这把宝剑，便想将这把剑送给徐国国君作纪念。可是，这是出使前父王赐给他的，是他作为吴国使节的一个信物，他到各诸侯国去必须带着它，才能被接

47

待。现在自己的任务还没有完成，怎么能把剑送给别人呢？

徐国国君心里明白季札的难处，尽管十分喜欢这把宝剑，却始终没有说出口，以免让季札为难。

临分手的时候，徐国国君又送给季札许多礼物作为纪念，季札对徐国国君的体谅非常感激，于是在心里许下诺言：等我出使列国归来，一定要将这把宝剑送给徐国国君。

几个月后，季札顺利地完成使命，踏上归途。一到徐国，他顾不得旅途的劳累，直接去找徐国国君。然而，出乎意料的是，徐国国君已经病逝。

悲痛之余，季札把心爱的宝剑解下来交给新国君，并说出当时的心愿。而新国君却以先君无命，坚决不肯接受。季札的随行者也认为这把剑是吴国之宝，赠送给他人不大合适。

季札却说："我心中曾有过许诺，我不能欺心。"

季札怀着沉痛的心情来到徐国国君的墓前，烧香礼拜后，对着国君的墓说：

"请国君原谅我当初不赠之举，现在我特地来践行诺言了，望国君接受我的敬意。"

说完，他将剑高举过头顶，向老国君的陵墓深深地鞠了一躬，然后郑重地把剑挂在墓前的一棵松树上，头也不回地离开了。

说到就要做到

季札只是在心中许下诺言,他人并不知道。在老国君已不在人世的情况下,他仍然坚持实践自己的诺言,真正做到了内诚于心而外信于人,不愧为品德高尚的君子。

十二个第一名

我国的女科学家林兰英是福建莆田人。小时候,她的家境不富裕,父母无法同时供几个孩子上学。

说到就要做到

林兰英小学毕业后的一天晚上,她的妈妈劝她不要读书了。林兰英知道家里不宽裕,就对妈妈说:"我听说中学里有规定,考试得第一名可以免除学杂费。我向您保证,上中学后我好好学习,考第一名,不用家里交学杂费。"

母亲看她这么想读书,也就答应了。不过,母亲并没有把林兰英许诺考第一名的事放在心上,她心里想:姑娘家,哪能那么容易考第一呀。就让她再读半年,到时考不上第一,她就会死心。

林兰英上了初中,班里就她一个女生,所有的男生都瞧不起她,不和她说话。但她不灰心,反而更增强了考第一的决心。于是,她上课认真听讲,下课认真复习,别人学习时她在学,别人不学时她也在学。

经过半年的努力,她真的考了第一名,学校把这一学期的学杂费免掉了。母亲却认为这只是个偶然,可是既然有约在先,不好反悔,就答应她再读一个学期。

第二个学期末,林兰英又拿着第一名的奖状向母亲报喜。母亲很吃惊,知道自己低估了女儿。父母看自己的女儿有志气,都很高兴,让她安心读书,不要惦记家里,家里就是再难,也要供她读完初中。

可是,林兰英并没有放松对自己的要求,仍然牢牢记住自己

对母亲许下的诺言,初中三年,她一共得了六个第一名。母亲的脸上终于绽放出欣慰的笑容。

后来上高中,她仍然是年年第一,在整个中学六年中,共得了十二个第一名。由于信守约定,为实现自己许下的诺言,她付出了别人想象不到的刻苦与勤奋。后来,她终于学业有成,在半导体材料领域作出了重大贡献,成为国内外知名的科学家。

没被改写的人生

他出生在香港一个贫困家庭,很小就被家人送到戏班。那时,演戏是下九流的行当,只有走投无路的穷苦人家,才会送孩子去学戏。

按照旧时梨园行的规矩,父亲同戏班签了生死状,在约定的期限内,他的生杀大权都掌握在师傅手中。戏班里的管教非常严厉,本该在父母膝下承欢的年纪,他却在师傅的鞭子与辱骂下练功,吃尽了苦头。时间不长,他就偷偷地跑回了家。

父亲勃然大怒,坚决叫他回去:"做人应当信守承诺,已经签了合同,决不能半途而废。咱人虽穷,志不能短!"他只好重新回到戏班,刻苦练功,一练就是十几年。

终于学有所成,戏曲行业却一落千丈,他空有一身本事,却毫无用武之地。当时香港电影业正在迅速发展,但是男影星都是貌比潘安,威武雄壮。个子不高、大鼻子小眼睛的他,怎么在电影界混呢?

　　经人介绍,他进了香港邵氏片场,做了一个"臭武行",专门跑龙套。他扮演的第一个角色,居然是一具"死尸"。苦点累点不算什么,要命的是,跑龙套的没有尊严,时常遭人百般刁难,冷嘲热讽。在那样的环境里,他没有怨天尤人,依然刻苦勤奋。由于学了一身好功夫,加上为人厚道,几年以后,他开始担当主角,小有名气,每月能拿到3000元薪水。

说到就要做到

有一天,行业内的何先生约他出去,请他出演一个新剧本的男主角:"除了应得的报酬,由此产生的10万元违约金,我们也替你支付。"何先生说完,强行塞给他一张支票,匆匆离去。

他仔细一看,支票上竟然签着100万,好大一笔款子!他从小受尽苦难,尝遍艰辛,不就是盼望能有今天吗?可转念一想,如果自己毁约,手头正拍到一半的电影就要流产,公司必将遭受重大损

失。于情于理，他都不忍弃之而去。

一宿难眠。次日清晨，他找到何先生，送还了支票。何先生很是意外，他则淡淡地说："我也非常爱钱，但是不能因为100万就失信于人，大丈夫应当一诺千金。"

何先生非常欣赏这位年轻人，他的事情也很快传开了。公司得知后非常感动，主动买下了何先生的新剧本，交给他自导自演。就这样，他凭借电影《笑拳怪招》创造了当年的票房纪录，大获成功。

那年他才25岁，全香港都认识了他——成龙。

从影30多年以来，成龙一直都很拼命，重伤29次，却从未趴下，拍了80多部电影，在全世界拥有29亿铁杆影迷，还是唯一把手印、鼻印留在好莱坞星光大道上的中国演员。

有一次，成龙应邀去国外参加一个颁奖典礼，好莱坞大牌影星云集。他有些底气不足，谦逊规矩地站在一旁。出乎意料的是，那些大牌影星竟然主动排好队，一一上来同他握手。他这才恍然大悟："哦，原来我也是大明星。"

在一次电视访谈中，成龙回忆起这些往事，感慨万千，深情地说道：

"坦率地讲，我现在得到了很多东西。但是，如果当初我背

信弃义,从戏班逃走,没有这身过硬的武功,或者为了得到那100万一走了之,我的人生肯定要改写。我只想以亲身经历告诉现在的年轻人,金钱能买到的东西总有不值钱的时候,做人就应当诚实守信,一诺千金。"

做事先做人,最珍贵的莫过于一诺千金。

莱古勒斯的故事

从前,在罗马附近有一座大城市,名叫迦太基。罗马人一直对迦太基人不友好,最后两国爆发了战争。有很长一段时间,双方势均力敌,各有胜负,难分高下。

　　罗马军队中有一位英勇善战的将军，名叫莱古勒斯。据说，这个人从未食言过。在罗马与迦太基的战争开始后不久，莱古勒斯成了战俘，被押送到迦太基。他又病又孤独，时常想起远在海那边的妻儿，但与他们相见的希望微乎其微。

　　随着战争的进展，罗马军队逐步占了上风，迦太基军队的首领害怕最终遭到失败，便来监狱里找莱古勒斯谈话。"我们打算和罗马人民和好，"他们说，"我们相信，如果你们的头领们了解战事的发展情况的话，会乐意和我们讲和的。如果你同意把我们的话告诉他们，我们就会把你放了，让你回家。"

　　"什么？"莱古勒斯问道。

　　"首先，"迦太基人说道，"你必须把你们输掉的那些战役告诉罗马人，而且你必须让他们明白，这场战争并没有为他们赢得任何东西。第二，你必须向我们发誓，如果他们不愿讲和，你必须回来继续坐牢。"

　　"很好，"莱古勒斯说，"我向你们发誓，如果他们不同意讲和，我就回来继续坐牢。"

　　就这样，迦太基人把莱古勒斯放了出来，因为他们清楚一个伟大的罗马人不会背信弃义。

　　莱古勒斯回到罗马时，人们都热情地和他打招呼。他的妻子

儿女更是兴奋不已,以为他们再也不会分开了。那些为罗马制定法律的元老院议员来见他,向他询问战争的情况。

"迦太基人把我放回来,请求你们与迦太基讲和。"他说道,"但是讲和是不明智的做法。我们确实在几场战役中遭到了失败,但我们的军队每天都在攻城拔寨。迦太基人很害怕。再坚持一段时间,迦太基就会是你们的了。至于我,我是来和妻子儿女及罗马告别的。明天我将起程,返回迦太基,继续坐牢,因为我发过誓。"

那些白发的元老院议员开始劝他留下来。"让我们派另一个人代替你。"他们说道。

"一个罗马人能说话不算数吗?"莱古勒斯说道,"我已经身染重病,活不了多长时间了。我要履行自己的诺言,返回迦太

基。"

听了这些,他的妻子和儿女开始哭起来,请求他不要离开他们。

"我已经发过誓,"莱古勒斯说道,"我必须遵守诺言。"

莱古勒斯和他们告别后,毅然返回迦太基的监狱,走向他所预料的死亡。

轻轻告诉你

恪守诚信，说到做到

  俗话说："一言既出，驷马难追。"它的意思是一句话已经说出口了，就是用套上四匹马拉的车去追也难以追回了。这是对信守承诺、说到就要做到的形象说法。一个人，一旦对别人做出了承诺，无论遇到什么困难，都有责任去兑现它。这是一个人待人处世不可缺少的品质。

  古往今来，关于信守诺言、说到做到的事例数不胜数。晋文公退避三舍，奠定了他在诸侯中的霸主地位；曾子诚信教子，获得世人的尊敬；季札挂剑了却徐国国君的心愿，传为佳话；宋濂连夜抄书，守诺践约，成为著名学者……他们用自己的行动向世人昭示了一个深刻的哲理，那就是：只有诚实守信、说到做到的人才能获得别人的信任和尊重，才能有所作为。

  小读者们，回忆一下我们曾经对别人许下的承诺，有多少能够实现？我们作出的保证，有多少能够做到？你也许曾信誓旦旦地向老师保证上课一定会认真听讲，但当你听到窗外的啁啾鸟语，面对同学递来的一本漫话，你会做到吗？你也许曾答应小伙伴下课就把笔还给他（她），但是当你面对一幅没有完成的图画时，你会怎么办呢？请不要犹豫，既然说到就要做到。

　　让我们从自己做起，从现在做起，从身边的每件小事做起，做一个诚实守信的好孩子！

曹操断发

曹操是三国时期人，这个人虽然野心很大，有很多坏毛病，但是却在他统领的军队中留下了诚信的美名。

一次，曹操亲自统领大军去打仗。行军路上，他发现老百姓因为害怕士兵，逃到外边，不敢回来收割麦子。

曹操派人告诉村民说："我奉皇上旨意，出兵讨伐叛逆的贼人，为民除害。现在正是麦子成熟的时候，只要有践踏麦田的，就斩首示众，说到做到。父老乡亲们请不要害怕。"

老百姓们开始都不相信，躲在暗处观察曹操带领的军队的行动。经过麦田的官兵，都小心地走过麦田，没有一个人敢践踏麦子。忽然，田野里飞出一只鸟，曹操的马受了惊，一下蹿入麦田。曹操立即叫来随行的官员，治自己践踏麦田的罪行。

官员说："怎么能给丞相治罪？"

曹操说："我亲口说的话，怎能不遵守呢？"随即抽出腰间的佩剑，想要自刎。众人连忙拦住。这时，一个大臣走上前说：

"古书《春秋》上说,法不加于尊。丞相统领大军,重任在身,怎么能自杀呢?"

曹操沉思了好长时间,才说:"既然古书《春秋》上有'法不加于尊'的说法,我又肩负着天子交给我的重要任务,那就暂且免去一死。但是我不能说话不算话,我犯了错误也应该受罚。"

于是,曹操用剑割断自己的头发,扔在地上,说:"那么,

我就割掉头发代替我的头吧。"

接着又派人传令三军:"丞相践踏麦田,本该斩首示众,现在割掉头发代替。"

现在的人觉得剪头发是件很正常的事。可是,当时的人认为,"身体发肤受之父母",头发是从父母那里继承来的,随便割掉头发是大逆不道的事情,是不孝的表现。因此,在当时的人看来,曹操当众割头发和割脑袋没什么两样。

曹操就这样用诚信赢得了士兵和百姓的信任。

晏殊诚实无欺

晏殊是北宋时著名的文学家,他写的词语言婉丽,才气十足,得到人们的称誉。他不仅文才出众,人品也十分端正,这在晏殊参加进士考试时得到了充分的体现。

晏殊很聪明,学习刻苦,很小的时候就能熟读史书,精通诗文,有神童的美誉。

晏殊的老师很为有这样一位学生而骄傲,想把他推荐给皇帝。老师让已做了朝中大臣的自己以前的学生王大人带晏殊进京考试。

晏殊进了考场,见到参加考试的都是比自己年龄大许多的人,有的甚至是白发苍苍的老人,但他并不胆怯,镇定地坐到了位子上。

试卷发下来以后,晏殊惊奇地发现考题是他以前做练习时做过的。晏殊一开始很高兴,心想这就不用动脑筋了,只要把以前做过的文章修改一下就可以交卷了,这岂不又快又省事。晏殊正准备下笔，耳边突然响起老师的声音："做人的基本准则是要诚实，如果自欺欺人，即使能换来好成绩，得到金榜题名的荣耀，也摆脱不了良心的谴责。"晏殊感到一阵脸红，马上提笔在试卷上说明原委，请求皇帝换题。

皇帝非常赏识晏殊的为人，于是亲自给他出了试题。考完后，皇帝看了晏殊的文章，大为赞赏，当即封他为少年进士。

后来，晏殊凭借自己的才能，还当上了宰相。

林肯当律师

　　1809年2月12日，亚伯拉罕·林肯出生在一个农民的家庭。林肯小时候家里很穷，他没机会上学，每天跟着父亲在西部荒原上开垦、劳动。他自己说："我一生中进学校的时间，加在一起总共不到一年。"但林肯勤奋好学，一有机会就向别人请教。他放牛、砍柴、挖地时怀里也总揣着一本书，休息的时候，一边啃着粗硬冰凉的面包，一边津津有味地看书。晚上，他在小油灯下常读书读到深夜。

长大后，林肯离开家乡独自一人外出谋生。他什么活儿都干，打过短工，当过水手、店员、乡村邮递员、土地测量员，还干过劈木头的重力气活儿。不管干什么，他都非常认真负责，诚实而且守信用。

他十几岁时当过村里杂货店的店员，有一次，一个顾客多付了几分钱，他为了将这几分钱退还给顾客跑了十几里路。还有一次，他发现少给了顾客二两茶叶，就跑了几里路把茶叶送到那人家中。他诚实、好学、谦虚，每到一处，都受到周围人的喜爱。

1834年，25岁的林肯当选为伊利诺伊州议员，开始了他的政治生涯。1836年，他又通过考试当上了律师。

当律师以后，由于他精通法律，口才很好，在当地很有声望，很多人都来找他帮着打官司。但是他为当事人辩护有一个条件，就是当事人必须是正义的一方。许多穷人没有钱付给他劳务费，但是只要告诉林肯："我是正义的，请你帮我讨回公道。"林肯就会免费为他辩护。

一次，一个很有钱的人请林肯为他辩护。林肯听了那个客户的陈述，发现那个人是在诬陷好人，于是对那人说："很抱歉，我不能替您辩护，因为您的行为不是正义的。"

那个人说："林肯先生，我就是想请您帮我打这场不正义的

官司,只要我胜诉,您要多少酬劳都可以。"

林肯严肃地说:"只要使用一点点法庭辩护的技巧,您的案子很容易胜诉,但是案子本身是不公平的。假如我接了您的案子,当我站在法官面前讲话的时候,我会对自己说:'林肯,你在撒谎。'谎话只有在丢掉良心的时候才能大声地说出口。我不能丢掉良心,也不可能讲出谎话。所以,请您另请高明,我没有能力为您效劳。"

那个人听了林肯这番义正词严的话,羞愧地离开了林肯的办公室。

军官护棉花

1861年4月,美国南北战争爆发了。南方奴隶主率领的军队把萨姆特堡包围了。北方军队的一个陆军上校接到命令,让他保护军用棉花。他对长官说:"我不会让一袋棉花丢失的!"

没过多久,美国北方一家棉纺厂的厂长来拜访他,说:"如果您手下留情,睁一只眼闭一只眼,您就将得到5000美元的酬劳。"

上校把厂长和他的随从赶了出去。接着又有一个需要棉花的北方人来拜访他,并且答应给他一万美元作为酬劳。

正巧,上校的儿子最近生了重病,已经花掉了家里的大部分积蓄,刚才他还收到妻子发来的电报,说家里已经快没钱支付医疗费了,请他想想办法。上校知道这一万美元对于他来说就是儿子的生命,可他三思之后,还像上次一样把那个想贿赂他的人赶走了。

过了些日子,第三拨人又来了。这次给他的酬劳是两万美元。上校这一次没有骂他们,很平静地说:"我的儿子正在发烧,

说到就要做到

烧得耳朵都听不见了,我很想有这笔钱。但是我的良心告诉我,我不能收这笔钱,不能为了我的儿子害得十几万士兵在寒冷的冬天里没有棉衣穿,没有被子盖。"那些来贿赂他的人听了,对上校的品行非常敬佩,他们都很惭愧地离开上校的办公室。

后来,上校找到他的上司说:"我知道我应该遵守诺言。可是我儿子的病很需要钱,而我的职位又受到很多诱惑。我怕我有一

天把持不住自己，收了别人的钱。所以我请求辞职，请您另外派人。"

他的上司听了他的话，说："你是一个诚实正直的好军人，你已经战胜了人性的弱点，出色地完成了任务。我批准你的辞职申请，但是你必须收下我以个人名义奖励给你的一万美元。"

在冠军与诚实中选择

在美国华盛顿举办的第四届全国拼字大赛中，南卡罗来纳州冠军——11岁的罗莎莉·艾略特一路过关，进入了决赛。当她被问到如何拼"招认"（avowal）这个单词时，她轻柔的南方口音使得评委们难以判断她说的第一个字母到底是"a"还是"e"。

评委们商议了几分钟之后，将录音带倒带后重听，但是仍然无法确定她的发音。

"解铃还须系铃人。"最后，主评委约翰·洛伊德决定，将问题交给唯一知道答案的人。他和蔼地问罗莎莉："你说的是'a'还是'e'？"

其实，罗莎莉根据他人的低声议论，已经知道正确答案应该是"a"，但她毫不迟疑地回答，她发音错了，她拼的字母是"e"。

主评委约翰·洛伊德又和蔼地问罗莎莉："之前你大概已经知道了正确的答案，你完全可以说出这个正确的答案以获得冠军的

荣誉，可你为什么还说出自己错误的发音？"

罗莎莉回答说："我愿意做个诚实的孩子。"

当她从台上走下来时，几乎所有的观众都为她的诚实而热烈鼓掌。

第二天，在一篇报道这次比赛的短文——《在冠军与诚实中选择》中写道："罗莎莉虽没赢得冠军，但她的诚实却感染了所有的观众，赢得了所有观众的心。"

快乐的穷艺人

　　星期五的傍晚,一个贫穷的年轻艺人仍然像往常一样站在地铁站门口,专心致志地拉着他的小提琴。琴声优美动听,虽然人们都急急忙忙地赶着回家过周末,但还是有很多人情不自禁地放慢了脚步,时不时地会有人在年轻艺人跟前的礼帽里放一些钱。

　　第二天黄昏,年轻的艺人又像往常一样准时来到地铁站门

口，把他的礼帽摘下来很优雅地放在地上。

和以往不同的是，他还从包里拿出一张大纸，然后很认真地铺在地上，四周还用自备的小石块压上。做完这一切以后，他调试好小提琴，又开始了演奏，声音似乎比以前更动听、更悠扬。

不久，年轻的小提琴手周围站满了人，人们都被铺在地上的那张大纸上的字吸引了，有的人还踮起脚尖看。上面写着："昨天傍晚，有一位叫乔治·桑的先生错将一份很重要的东西放在我的礼帽里，请您速来认领。"

见此情景，人群之间引起一阵骚动，都想知道这是一份什么样的东西。

过了半小时左右，一位中年男人急急忙忙跑过来，他拨开人群冲到小提琴手面前，抓住他的肩膀语无伦次地说："啊！是您呀，您真的来了，我就知道您是个诚实的人，您一定会来的。"

年轻的小提琴手冷静地问："您是乔治·桑先生吗？"

那人连忙点头。小提琴手又问："您遗落了什么东西吗？"

那位先生说："彩票，彩票。"

小提琴手于是掏出一张彩票，上面还醒目地写着乔治·桑，小提琴手举着彩票问："是这个吗？"

乔治·桑迅速地点点头，抢过彩票吻了一下，然后又抱着小

提琴手在地上跳起了舞。

事情原来是这样的,乔治·桑是一家公司的小职员,他前些日子买了一张一家银行发行的彩票,昨天上午开奖,他中了50万美元。昨天下班,他心情很好,觉得音乐也特别美妙,于是就从钱包

里掏出50美元，放在了礼帽里，可是不小心把彩票也扔了进去。

　　小提琴手是一名艺术学院的学生，本来打算去维也纳进修，已经订好了机票，时间就在今天上午，可是他昨天整理东西时发现了这张彩票，想到失主会来找，于是今天就退掉了机票，又准时来到这里。

　　后来，有人问小提琴手：

　　"你当时那么需要一笔学费，为了赚够这笔学费，你不得不每天到地铁站拉提琴。那你为什么不把那50万元的彩票留下呢？"

　　小提琴手说："虽然我没钱，但我活得很快乐；假如我没了诚信，我一天也不会快乐。"

认 爹

多年前,美国纽约的"红心慈善协会"准备为一家孤儿院盖一幢大房子。在破土动工时,意外地挖到了一座坟墓。于是在报纸上登出启事,请死者家属速去办理移坟事宜,届时将得到补偿款5万美元。

42岁的爱德华看了消息不禁怦然心动,他的家就曾在那片土

地上，父亲也确实死去多年，但不葬在那里。就差了一点点，爱德华忍不住地想，要是父亲当初葬在那块地上，他就可以轻而易举地获得5万美元。5万美元在当时可是一个惊人的数目。

虽然那不是自己父亲的坟，但爱德华还是抑制不住5万美元的诱惑。

他想，那座坟墓既然没有人认领，自己可不可以冒充一回孝子，做一回儿子？爱德华为自己的想法激动不已。不过启事上说得很明白：要去认领，得拿出相关的证明。

爱德华绞尽脑汁，终于想出了可以证明那是自己父亲坟墓的办法。

他来到旧货市场，买了一张30年前的旧发票，又到丧事用品店花6美元让人在旧发票上盖了一个章，证明他30年前曾为父亲在那里买过丧葬用品。爱德华做得天衣无缝，喜出望外地跑去认爹了。

那家慈善机构的一位小姐热情接待了爱德华。爱德华装出一副悲痛的模样，甚至掉下眼泪，痛哭不止。

接待小姐却笑了，说：

"你不必这样，老人家毕竟已经入土30年了，活人不该再这样悲痛。"

爱德华感到自己的表演有点过头了，便不再装腔作势。

接下来的事却让爱德华大吃一惊。小姐将他的姓名、住址记录下来，并且告诉他，他是第169位来认父亲的儿子。说得明白点，现在已经有169个儿子来认爹了。他们要一一审查，确认谁是死者真正的儿子。

爱德华如遭当头一棒，他怎么也没想到，会有这么多和他一样财迷心窍，想认爹的人。

事情被一家媒体知道，将这169位认爹的人的姓名刊登在报纸上，告诉人们：人再贪财，爹也是不能乱认的。

这时，对坟墓尸骨的鉴定结果也出来了，令人惊奇的是，这169位儿子都是假的。坟墓里的尸体已经有160年了，死者的儿子不可能还健在。

这真是一个耻辱。

于是这家慈善机构宣布：如果大家确实想认爹，可以到老年收容所去，他们每人都将得到一个爹。看到这幕闹剧，美国上下深受震动。各界人士纷纷站出来呼唤诚信，号召人们一定要做一个诚实坦白的人，一定要靠自己的劳动创造自己的未来。

自从那次事件后，爱德华感到无地自容，非常惭愧。他将那份报纸珍藏起来，时刻提醒自己一定要做一个诚实可信的人。

　　十年后,爱德华成为美国通信器材界的巨头。当有人问他创业和成功的秘诀时,爱德华坚定而感慨地说:"诚实,是诚实帮助了我,使我学会了做人,使我有了事业并学会了如何待人。诚实给了我一切。一个诚实可信的人,虽然会被人欺骗,常常吃亏,但最终会赢得信誉,受人爱戴,并获得成功。"

轻轻告诉你

诚信容不得虚假

自古以来，人们都背负着人生的七个行囊：健康、才华、金钱、荣誉、智慧、美貌和诚信，然而许多人扔掉了他们自以为是累赘的"诚信"。

《认爹》就为我们讲述了一个让人啼笑皆非的故事。为了得到5万美元，竟然有169个人跑去认爹，结果谁都不是死者的儿子。这些人面对金钱的诱惑，舍弃了诚信，结果落得个被人耻笑的下场。

欺骗也许可以换得一时的利益，但长期下去，丑陋的面目定会露出来，从而失去人们的信任。而诚实表面上看起来有点"傻"，但它却体现了一个人内心的伟大。

诚实的人内心坦荡，受人尊敬。宋朝著名的文学家晏殊就是一个很好的例证。他在科举考试中遇到自己以前做过的题目，他完全可以不声张，更别提请求换题了。但他没有这样做，因为在他看来，"如果自欺欺人，即使能换来好成绩，得到金榜题名的荣耀，也摆脱不了良心的谴责"。

《在冠军与诚实中选择》的小主人公罗莎莉·艾略特在荣誉与诚实中也作出了正确的选择,她诚实的品质赢得了所有观众的心,她是比赛中真正的冠军。

小读者们,反思一下自己:在生活中,你对别人撒过谎吗?在学习中,你抄袭过别人的作业吗?如果有的话,那就赶紧改掉这些坏毛病吧!

金斧与银斧

有个樵夫在一条河边砍树,一不小心,斧头竟然掉进河里了。

这条河的水流十分湍急,又很深,想要捞到斧头,是不可能的。

说到就要做到

"斧头是我吃饭的家伙,现在丢了叫我怎么办?"樵夫坐在河边伤心地哭了。

这时神的使者赫尔墨斯过来了,问他为什么哭泣。赫尔墨斯听了樵夫的话,很同情他,就跳进河中捞斧头。

第一次赫尔墨斯捞上一把金斧头,问樵夫是不是他的。

樵夫回答说:"不,没有那么好。"于是,赫尔墨斯又跳入河里,不久,他拿着银斧浮上水面,问道:"一定是这把吧!"

"不,我的已经很旧了。"樵夫仍然很诚实。

既然不是银斧,赫尔墨斯只好再下水找了。

当他再度出现时,手里拿着一把铁斧。"嘿,这把才是我的斧头,谢谢,真谢谢您。"樵夫高兴得一直道谢。

赫尔墨斯为樵夫的诚实所感动,为了表彰樵夫的诚实,赫尔墨斯把另外两把斧头作为礼物相送。

樵夫带着礼物,来到朋友们中间,告诉了他们发生的一切。其中一个人非常眼红,决定也去碰碰运气。

于是,他也带着斧头来到河边,在砍柴时,故意把斧头扔进了河里,然后坐在那里假装痛哭。

赫尔墨斯出现了,问他发生了什么事。他说斧头掉了。赫尔墨斯下去捞上一把金斧头,问他掉的是不是这把。这个人连忙说是他的。

结果,赫尔墨斯不但没给他金斧头,就连掉进河里的那把斧头也没去捞上来。

商鞅立木取信

商鞅是战国时期的改革家。他到秦国后，便说服秦孝公变革旧的法规，争取国家富强。公元前356年，商鞅被秦孝公任命为左庶长，主持变法。

当时，商鞅要在秦国实行变法是很困难的，这一方面是因为一些旧贵族对变法持反对意见，另一方面老百姓也不相信秦孝公会真心实意地进行改革。

面对重重困难，商鞅心想：要在秦国进行改革，首先就要取得老百姓的信任，只有这样，才能在全国建立起一种诚信守法的良好社会风尚，从根本上保证变法的成功。于是，他在新的法令颁布之前，冥思苦想了好几天，终于想出了一个取得老百姓信任的好办法。

这天清晨，商鞅派人在都城的南门竖起了一根大木柱，并在南门城墙上贴出告示，下令道：谁能把这根大木柱扛到北门，朝廷就赏给他十两黄金。

　　这个消息立刻在全城引起了轰动。人们纷纷涌向南门,拥在大木柱的四周。大家七嘴八舌,议论纷纷。

　　"嘿,这倒是稀奇事,扛一根木头就赏金十两。"

　　"天底下哪有这么便宜的事,怕是耍人玩的吧?"

　　"这位新来的左庶长葫芦里到底卖的什么药?"

　　围观的人越来越多,可就是没人去碰那根木头。更有一些胆小怕事的人,怕惹是生非,自讨苦吃,悄悄地溜走了。因此,尽管

这天前来围观大木柱的人成百上千,但是没有一个人上前去搬动它。

第二天,商鞅又让人在南门贴出告示,下令道:谁能把这根大木柱扛到北门,就赏给他五十两黄金。

告示贴出后不久,从围观的人群中走出一个小伙子,只见他挽起衣袖,把大木柱扛起来就走,一边走,一边还嘟囔着:"我倒要看看,这位左庶长大人说话算不算数。"

小伙子扛起大木柱,大步流星地朝北门走去,后边跟随的人

群汇成了一条长龙。

当扛大木柱的人到达北门后,商鞅立即大声宣布:"小伙子,你按我说的做了,请上来领赏吧!"

小伙子登上了城楼,不一会儿,手捧五十两黄金,喜笑颜开地走了下来。

这时,商鞅郑重地对大家说:"为了使咱们的国家强大起来,我受秦孝公的委任,负责推行新法。今后,凡是按新法办事的,都有重赏,就像这位扛大木柱的人一样。可是,要是谁胆敢违抗法令,我定斩不饶!"说完,他便叫人把新的法令条文贴了出来。

商鞅"立木取信"一事在全国上下引起了很大的震动。它不但为朝廷树立了一个言而有信、说到做到的形象,而且为新法的顺利实施打下了坚实的基础。

陶四翁烧毁假紫草

古代有个人叫陶四翁,他以开染坊为生,为人忠厚,诚实守信,其声誉在镇上有口皆碑。

一天,有人来推销染布用的原料紫草,陶四翁并不怀疑,就用四百万钱通通买下了那些紫草。

不久,一个买布的商人来店里进货,看见了这些紫草,便大声叫道:"你上当啦!这些紫草粗看起来像是正品,其实是坏的,里面的颜色都不好。"

陶四翁大吃一惊,还有些不相信。商人教给陶四翁一些检查紫草的方法,陶四翁按照商人说的一试,果然都是假紫草。

这时,商人说:"没关系,这事包在我身上,假紫草仍然可以用来染布,价钱便宜点拿到市场上去卖掉就行了。"

第二天,商人再来进货,陶四翁却没有一匹染布,他还当着商人的面把那些假紫草全都烧了,并且说:"宁可我被骗,也不能再去骗他人!我昨晚想了一宿,觉得必须这么做。"这一做法对当

时并不富有的陶四翁来说真的是十分难能可贵。

陶四翁宁可自己受损失也不去坑害别人,用高尚的品质言传身教。他的子孙们也像他一样诚信不欺,最后都成了大富商。

老商人妙选接班人

明朝时期,有一位开小饭馆的老商人,他觉得自己一天比一天老了,应该把小饭馆交给儿子们来管理。

他仔细观察了三个儿子:大儿子和二儿子机灵,常有一些鬼点子;小儿子性情憨厚老实,只知道读书,很少管家里的事。他想了很久,也不知道该把小饭馆交给谁才好。

66岁生日那天,他的三个儿子都来给他祝寿。家宴结束后,他把儿子们叫到书房里,对他们说:

"我老了,怕是活不了几年了,说不定哪一天就会突然死掉。我这辈子就留下这么一个小饭馆,我想在你们当中选一个合适的人来管理它。我想了很久,想出了一个非常公平的办法。现在我就宣布选财产继承人的方法,你们听好。"

这时,老人吩咐家里的仆人搬来三个已经装好土的花盆,然后拿出三粒种子放在桌子上,清了清嗓子说:

"这是我精选的花种,你们在这里任选一颗种在花盆里,半年以后拿来给我看。到时候，谁养的花最令我满意，我就把财产交给谁。但是要记住，只能用我发给你们的种子和这花盆里的土。"

大儿子和二儿子回到家里，便立即把花种子种在了花盆里，可是，精心培育了好长时间，就是不见花盆里的种子发芽，于是，他们便偷偷地去乡下找花匠。他们从花匠那里买了同样的种子，换上了新的土壤。把新种子种到了新的土壤里，没过几天，花就发芽了。

憨厚老实的小儿子每天按时给花盆浇水，可就是不见种子发芽。他一点儿也不着急，仍然按时浇水施肥。

半年以后，三个儿子都端来自己养的花给老父亲看，大儿子和二儿子养的花都枝繁叶茂，还开出了很鲜艳的花朵，只有小儿子的花盆里空空的，什么也没长出来。

老商人看了，什么也没说，就把小饭馆的钥匙和账本交给了小儿子。

其他两个儿子很不服气，就生气地问老父亲："三弟的花盆里什么都没有，您怎么能把饭馆交给他呢？"

老商人说："做生意一定要诚实，因此我要选一个诚实的人来接班。看来你们的弟弟是最诚实的。"

 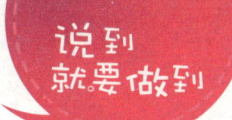

另外两个儿子不解地问:"为什么?"

老商人缓缓地说:"因为那是三颗炒熟了的种子……"

讲究信誉的摩根先生

1835年,摩根先生成为一家名叫"伊特纳火灾"的小保险公司的股东,因为这家公司不用马上拿出现金,只需在股东名册上签名字就可成为股东。这正符合当时摩根先生没有现金却想获得收益的情况。

很快,有一家在伊特纳火灾保险公司投保的客户发生了火灾。按照规定,如果完全付清赔偿金,保险公司就会破产。股东们一个个惊慌失措,纷纷要求退股。

摩根先生斟酌再三,认为自己的信誉比金钱更重要,他四处筹款并卖掉自己的住房,低价收购了所有要求退股的股份。然后他将赔偿金如数付给了投保的客户。

一时间,伊特纳火灾保险公司声名鹊起。已经身无分文的摩根先生成为保险公司的所有者,但保险公司已经濒临破产。

无奈之下他打出广告,凡是再到伊特纳火灾保险公司投保的客户,保险金一律加倍收取。不料客户很快蜂拥而至。原来在很多

人的心目中，伊特纳公司是最讲信誉的保险公司，这一点使它比许多有名的大保险公司更受欢迎。伊特纳火灾保险公司从此崛起。

许多年后，摩根家族主宰了美国华尔街金融帝国。而当年的这位摩根先生，就是美国摩根企业的最初创始人。成就摩根家族的不仅是一场火灾，而是比金钱更有价值的信誉。

一毛钱的诚信

岛村芳雄是日本赫赫有名的富商,他只用了几年的时间便迅速致富。当人们问他成功致富的秘诀时,他总是说:"是诚信,我是从一毛钱的诚信起家的。"

日本的渔民很多,麻绳是他们必不可少的生产工具。岛村看准这个商机,决定做批发麻绳的生意。他先从一家生产麻绳的厂家进麻绳,然后又以同样的价格卖给东京一带的工厂和零售商,为此赔上了一大笔钱。

但一年以后,人们都知道有一个"做赔本买卖"的商人,于是订货单像雪片一样飞到岛村的手中。

于是,聪明的岛村找到生产麻绳的厂家,说:"过去的一年里,我从你们厂购买了大量的麻绳,而且销路一直不错,但是我都是以进价出售的,赔了不少钱。如果我继续这样做的话,我就要破产了。"

厂方看过订单之后,考虑到现在向岛村订货的客户很多,于

是决定让五分钱的价格卖给岛村。

岛村又来到他的客户那里,诚实地说:"以前为了扩大自己的名声,我都是原价出售麻绳,现在我的钱已经赔得差不多了。麻绳厂决定每根麻绳给我让五分钱,你们是否商量一下,也给我加一点?"

客户看过进货单之后,知道岛村说的是实话,于是决定每根麻绳加五分钱。

由于岛村为人诚实,博得了人们的信任,人们都愿意和他做生意。

真诚的收获

一群印第安人围在一家刚开的店铺门前,看着店主的货物,但就是什么都不买。后来,当地的印第安酋长来拜访店主:"你好啊,约翰,把你的货物拿给我看看。啊哈!我要给自己买一条毯子,给我的妻子买一块印花布……我的毯子需要付3块貂皮,印花布需要付1块。这样吧,我明天再给你。"

第二天,那个酋长带着一大包裹貂皮来了。"约翰,我现在给你付账来了。"他从包裹里抽出4块貂皮,一块接一块地把它们放在柜台上,犹豫了一会儿之后,他又抽出了第5块,把它放到了柜台上。这是一块特别珍贵稀有的貂皮。

"已经够了,"商人约翰把它推回去说,"你只欠我4块貂皮,我只收下我应得的。"

他们又为是4块还是5块推来推去地争了好长时间,最后约翰坚持只收4块。酋长的脸上露出了满意的神色。

他把第5块貂皮放回了包裹里,重新审视了这个店主一番,然

后跨出门,朝着他的族人们喊道:"来吧,来吧,跟这个约翰做买卖吧!他是不会欺骗我们印第安人的,他不是个坏心眼的人。"

然后,他又转过身,冲着店主说:"如果你刚才收下了最后一块貂皮,我就会叫我的族人们不要跟你打交道,并且,我们还会赶走其他的人。但是,现在你已经是我们印第安人的朋友了。"

天黑之前,约翰的店铺里堆满了毛皮,抽屉里塞满了现金。诚实使约翰最终获得了长久的商业利益。

轻轻告诉你

诚信是成功的保证

　　日本著名社会活动家池田大作曾说过:"一个诚实的人,不论他有多少缺点,同他接触时,心神会感到清爽。这样的人,一定能找到幸福,在事业上有所成就。这是因为以诚待人的人,别人也会以诚相见。"这句话道出了诚信与成功的关系。

　　人人都有梦想,人人都渴望成功,但是,没有谁能随随便便成功。一个人的成功,除了需要智慧和勤奋外,还离不开诚信。诚信是走向成功的重要条件。

　　古今中外的成功者,无一不是讲诚信的楷模。商鞅在南门立木取信,获得百姓信任,从而推行了新法;古代商人陶四翁在诚信与利益面前,他毅然选择了诚信,宁愿自己受损失也不去坑害别人;《老商人妙选接班人》中聪明的老商人把诚信作为接班人的唯一条件,他的三儿子诚实地经受住了考验,种出了人间最美丽的花朵;《真诚的收获》中的商人约翰拒绝了一块珍贵的貂皮，换来的却是印第安人对他的信任以及长久的商业利益。是诚信让这些人赢得了他人的尊重，赢得了社会的信任。

小读者们，你的梦想是什么？想放飞你的梦想吗？那就让我们拾起"诚信"的背囊吧！用我们的诚信战胜风浪，以我们的诚信来创造美好的人生！

追赶承诺

百事可乐的总裁卡尔·威勒欧普到科罗拉多大学演讲的时候,有一个名叫杰夫的商人想通过演讲会的主办者约卡尔见面谈一谈。卡尔答应了,但只能在演讲完后,而且只有15分钟的时间。杰夫在大学礼堂的外面坐等。

卡尔兴致勃勃地为大学生们演讲,讲他的创业史,讲商业成功必须遵循的原则,不知不觉中时间已超过了与杰夫约定的见面时间,显然他已忘记了与别人的约定。

正当卡尔继续兴致很高地演讲时,他发现一个人从礼堂外推门,径直朝讲台上走来。那人一直走到他的面前,一言不发地放下一张名片后转身离去。卡尔拿起名片一看,背面写着:"您和杰夫·荷伊在下午两点半有约在先。"

卡尔猛然醒悟。一边是需要他说服并且灌输百事可乐思想的大学生们,他们是企业发展的目标甚至是动力,而另一边只是一个名不见经传的向他请教的商人。但是卡尔没有犹豫,他对大学生们

说:"谢谢大家来听我的演讲,本来我还想和大家继续探讨一些问题的,但我有一个约会,而且现在已经迟到了。迟到已经是对别人的不礼貌,我不能失约,所以请大家原谅,并祝大家好运。"

在雷鸣般的掌声中,卡尔快步走出礼堂,他在外面找到了正在等他的杰夫,向他表达了歉意后,便又滔滔不绝地告诉杰夫他想要知道的一切。结果,原来定好的15分钟他们却一直交谈了30分钟。后来,杰夫成了一名成功的商人,他把这一段经历告诉了他的

朋友。他的朋友们都对百事可乐产生了信任，并决定经销和宣传百事可乐。

　　不论我们的目标多么伟大，或者有多少伟大的事业等着我们去做，我们一定要遵守自己的承诺并且尽可能地去兑现它。因为经商和做人的成功秘诀中最不能缺少的就是诚信。

说到就要做到

司马光说谎受责

　　童年的司马光与弟弟司马义一起读书。司马光天资聪明,过目不忘,他的身上寄托着父亲全部的期望;司马义虽然生性驽钝,但为人忠厚老实,即使常常被司马光嘲笑也不介意。

　　一天,教书先生对司马光的一篇作文大加赞扬,司马义冲着司马光竖起了大拇指,很为他高兴,可司马光却红着脸低下了头。原来,这篇作文不是他自己写的,而是从古书上抄袭来的。

司马义知道后，建议他立即去向先生说实话，但是，司马光却犹豫不决，他说："我只抄袭了一部分，先生是不会看出来的。告诉了先生，先生反而会觉得没有面子，连学生作文抄袭都没有看出来。再说，我以后不再抄袭就是了！"

然而，事与愿违，先生不是没有看出来，而是早就看出来了，并且将此事告诉了司马光的父亲。父亲知道后，大发雷霆，立即要训斥司马光，却被先生阻止了。原来先生已经想出了一个两全其美的好办法……

父亲把兄弟二人叫到了书房，吩咐他们做一件最简单的家务活——剥一包花生米的内皮，看谁剥得最多，唯一的条件是要自己动脑筋，不能让他人帮忙。于是，两人各拿一包花生米回到了各自的房间。

为了获得父亲的表扬，司马光拼命地剥，他采用了很多办法：先用两只手狠劲地搓，但搓红了两个小手掌，内皮还是牢牢地包在花生米上；他又拼命地用手指甲抠，但指甲很快就抠得出血了；最后，他心一急，干脆用牙齿使劲地啃起来。

这时，一个丫鬟走了过来，看见司马光焦急的样子，不禁"扑哧"一声笑了起来。她说："我有个办法可以让你一会儿就把花生米的皮都剥完。"说着，便要教他怎么做。司马光想起了父亲

定的规则,有些犹豫,但一想到剥得多能得到父亲的表扬,他还是决定让丫鬟帮忙。

过了一会儿,司马光兴冲冲地来到父亲的书房,将一包圆润光洁的花生仁交给了父亲,奇怪的是父亲并没有夸奖他。这时,司马义也来了,掏出一小把坑坑洼洼、带着牙齿印的花生仁。

父亲让司马光告诉弟弟自己是怎么剥的,司马光得意地说:

"用开水将花生米泡一下再剥,剥起来就很容易了。"父亲问他这个办法是不是自己想出来的,司马光犹豫了一下,还是点了点头,但脸色却非常难看。父亲非常失望地看着他,什么话也没有说就让他们走了。

司马光回到自己的房间,内心充满了矛盾:向父亲说实话吧,担心他会很失望;不说吧,又是在欺骗他。最终,诚实战胜了虚荣,他径直走向书房,将事情原原本本地告诉了父亲,并承认了自己的错误。

父亲看着他,眼神中透出一丝喜悦,但却严厉地说:"诚信是做人之本。你小小年纪,就染上说谎的毛病,就好像幼小的树生了蛀虫,必须马上清除,否则,就不可能长成有用的栋梁之材!"司马光这才知道,原来剥花生米正是父亲在考验自己呢!

司马光牢牢地记住了父亲的话,从此再也不说谎了。长大成人后,他还给自己取了个字,叫做"君实",以此勉励自己永远做一个诚实正直的人。他还把这种美德传给了子孙,成为代代相传的家风。

华盛顿与樱桃树

乔治·华盛顿小时候住在弗吉尼亚的一个农场里。他的父亲教他骑马，经常带着他到农场干活，以便他长大后能学会种田，放牛养马。

他的父亲有一个美丽的果园，里面种着苹果树、桃树、梨树、李子树与樱桃树。有一次，父亲买了一棵品种上佳的樱桃树。他非常喜爱这棵樱桃树，把树种在果园边，并告诉农场的所有人要对它严加看护，不能让任何人碰它。

这棵樱桃树长势很好。春天来了，树上开满了白花，散发出阵阵芬芳，许多蜜蜂都围着它辛勤地忙碌着。想到用不了多久就可以吃到樱桃树结的果子，父亲心里十分高兴。

就在此时，有人送给小华盛顿一把明亮的斧子。他非常喜欢这把斧子，拿着它砍树枝，砍篱笆，可以说是见什么砍什么。

一天，他一边想着自己的斧子有多么锋利，一边来到果园边，举起斧子砍向那棵樱桃树。由于树皮很软，小华盛顿没费多大力气就把树砍倒了。接着他又去别的地方玩了。

到了傍晚,父亲忙完农事,把马牵回马棚,然后来果园看他的樱桃树。没想到,自己心爱的树被砍倒在地,他站在那里惊呆了,几乎不敢相信自己的眼睛。是谁胆敢这样做?他问了所有的人,但谁都说不知道。

就在这时,小华盛顿恰巧从旁边经过。父亲用生气的口吻高声喊道:"你知道是谁把我的樱桃树砍倒了吗?"

这个问题可把小华盛顿难住了,看到父亲如此愤怒,他意识到自己的一时冲动闯下了祸。他哼哼叽叽了一会儿,但很快恢复了

说到就要做到

平静。"我不能说谎,爸爸,"他说,"是我用斧子砍的。"父亲看了看小华盛顿。那孩子脸色煞白,但直视着父亲的眼睛。

"回家去,儿子。"父亲严厉地说道。

小华盛顿走进书房,坐等父亲。他心里很难过,同时也感到

非常惭愧。他知道自己实在是太轻率了，干了件傻事，也难怪父亲不高兴。

过了一会儿，父亲走进书房。"到这里来，孩子。"他说道。

小华盛顿听话地走到父亲身边。父亲静静地看了他很长时间，说道："告诉我，儿子，你为什么要砍那棵树？"

"当时我正在玩，没想到——"小华盛顿说道。

"现在树就要死了，我们永远也不会吃到樱桃了。但比这更糟的是，我嘱咐你要看护好这棵树，你却没有做到。"

小华盛顿羞愧难当，脸一红，低下头，眼泪都快要流出来了。他哽咽着说："对不起，爸爸。"

父亲和蔼亲切地拉过小华盛顿说："孩子，你不要害怕，我不会打你的。因为，你这种勇于承认错误的态度，比爸爸心爱的樱桃树要珍贵千万倍！"

这件事虽然过去了很多年，但乔治·华盛顿从未忘记父亲对他说的话。他一直像小时候那样勇敢，受人尊敬，直至生命结束。

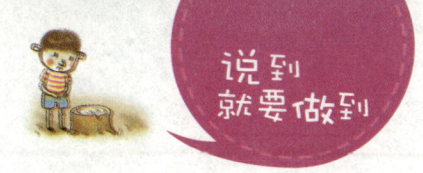

列宁打碎花瓶

列宁是俄国十月革命的领导人，是第一个社会主义国家的创始人。他从小性格开朗，活泼好动，经常弄坏家里的东西。

列宁八岁那年，有一次母亲带着他到姑妈家中做客。活泼好动的小列宁一不留神，把姑妈家的一只花瓶打碎了。但是，谁也没有看见。

后来，姑妈问孩子们："是谁打碎了花瓶？"其他孩子都说："不是我。"

而小列宁因为在生人家里害怕，怕说出实话会遭到姑妈的责备，所以他也跟着大家大声回答："不——是——我！"

然而，母亲看他的表情，已经猜到花瓶是淘气的小列宁打碎的。因为这孩子特别淘气，在家里经常发生类似的事情。但是，小列宁向来是主动承认错误，从未撒过谎。

于是，小列宁的妈妈就想：应该怎样对待孩子撒谎这件事呢？当然，最省事的办法就是直接揭穿这件事，并且处罚他。但是

列宁的妈妈没有这样做。她认为,重要的是教育儿子犯错误后要勇于承认错误,做一个诚实的好孩子,而不是责备他。

于是她装出相信儿子的样子,在三个月内一直没有提起这件事,而是给儿子讲各种各样的诚实守信的美德故事,等待着儿子的良心深处萌发出对自己行为的羞愧感。

从那以后,列宁的妈妈明显地感觉到,儿子不如以前活泼

说到就要做到

了,似乎是良心正在折磨着他。

有一天,在小列宁临睡前,妈妈又像往常一样,一边抚摸着他的头,一边给他讲故事。不料小列宁突然失声大哭起来,痛苦地告诉妈妈:"我欺骗了姑妈,她家的花瓶其实是我打碎的。"听了孩子羞愧难受的述说,妈妈耐心地安慰他,说:"给姑妈写封信,向她承认错误,姑妈一定会原谅你的。"

于是,小列宁马上起床,在妈妈的帮助下,给姑妈写信承认了错误。

几天后,小列宁收到了姑妈寄来的回信,在信中,她不但表示原谅小列宁,还称赞小列宁是个诚实的好孩子。

小列宁得到原谅后,十分高兴,又像以前一样过着快乐的日子。

向马认错

　　列夫·托尔斯泰从小便是个富有爱心的孩子。但有一回,他却犯了个错误。

　　一天下午,托尔斯泰在房里做功课,外面传来的吵闹声打断了他的思路。他走出去一看,原来是庄园外的草地上,一群人正在欣赏骑马。他的一个哥哥神气地骑在一匹马上,旁边的人正为他欢呼鼓掌。

　　当他的哥哥欢快地骑了几圈从马上跳下来时,托尔斯泰心痒痒的,也想骑上去。管马的农奴却牵过马说:"少爷,改天吧,今天马已经很累了。""不,我非要今天骑。"没等农奴把话说完,托尔斯泰就一把夺过缰绳,要牵马进场。

　　没料到那匹马也来了脾气,任凭托尔斯泰怎么用力拉,它也不肯迈一步。托尔斯泰很生气,从农奴手中抢过马鞭,使劲地抽打马。

　　"少爷,求你别打了!"一旁的农奴心疼地央求托尔斯泰

说到就要做到

说,"刚才你的哥哥们轮流骑它,它疲惫得快站不住啦,你还这么狠心打它。你就不能可怜可怜它吗?"

听到这里,托尔斯泰的鞭子停在了半空中。他看了看农奴,又看了看马,然后慢慢地松开缰绳,心中感到无比懊悔。

他向老马深深地鞠了一躬,并郑重其事地说:"对不起!我不应该打你,我保证以后一定不会这样做了。"周围的人被他诚恳的态度感动了,都对他报以掌声。

欧阳修严谨治学

欧阳修是北宋著名的文学家，人们把他列为唐宋八大家之一。

他的诗词和文章在当时就被称为"极品"，受到当时文人学士的广泛赞誉。可是他既不骄傲也不满足，到晚年的时候还亲自修改整理自己以前的文稿。

有一次，欧阳修发现他早年的文学观点有错误，于是就一连几天泡在书房里修改。那时他眼睛已经花了，手也颤抖了，夜晚在灯光下写字看书已经非常吃力。

他的夫人见了非常心疼，就对他说：

"你就休息一下吧！何苦和自己过不去呢？难道你还怕你的老师怪你文章写得不够好吗？"

欧阳修笑着说：

"我的老师已经去世很多年了，他不会再责怪我了，可是我怕后生耻笑我。"

说到就要做到

欧阳修的夫人觉得这话有些奇怪,于是就问:

"后生们怎么会耻笑你呢?恐怕尊敬你还来不及呢!"

欧阳修说:

"前几天,我发现我的书里有一个重大的错误,我必须抓紧时间修改,不然说不定哪一天我两眼一闭死了,谁替我修改呀?"

夫人插嘴说:

"你一辈子写了那么多书,怎么能一个错误都没有呢?差不多就算了。"

欧阳修说:

"我的书里肯定有很多错误的看法,有一些是我现在的水平不能发现的,这只有靠后人去纠正了。可是有一些错误我现在已经发现了,我要是不改正的话,这不是明摆着欺骗后人吗?让后人知道欧阳修是个骗子,知道自己的文章错了还不改,后生们一定会嘲笑我的。你说是不是?"

夫人听了之后很佩服欧阳修的品格,并开始配合欧阳修的工作,经常帮助他做些力所能及的事情。

永远的忏悔

卢梭是法国著名的思想家、文学家,但是他小时候做过一件令他十分懊悔的事情。

卢梭当时在一个有钱人家里打工。一天,这个有钱人家的女主人去世了,家里非常混乱,卢梭就趁机偷偷地拿了这家小姐的一条绣带,但不久就被发现了。

老管家拿着绣带问卢梭:"这条绣带是哪里来的?"

卢梭支支吾吾地说:"是马里翁送给我的。"

马里翁是家里的厨娘,比卢梭大几岁。

她吃惊地瞪大眼睛看着卢梭说:"不是的,管家,我根本没见过这条绣带。"

姑娘用一双无辜的眼睛看着卢梭,说:"卢梭,求你说实话,可不要因为一条绣带断送了我的前程啊!"

卢梭虽然知道这样诬赖好人是不对的,可又不好反悔。由于卢梭和马里翁都不承认自己偷拿了绣带,管家只好把两个人都辞退了，并且说："你们记住，撒谎者的良心会惩罚罪人，它会为无辜的人找回公道。"

老管家的预言没有落空，卢梭从此受到了来自良心的强烈谴责，他会时常想起年轻姑娘那双无辜而善良的眼睛。后来，卢梭把这件事情写到他的名著《忏悔录》里，以此来警醒人们，一定要说实话，不要随便诬陷好人。

诚实的报偿

美国华盛顿州塔科马市10岁的小学生汉森,有一天与小朋友在家门前的空地上玩棒球,一不小心将球掷到邻居基尔的汽车上,把汽车的车窗玻璃打碎了。

小朋友们见闯了祸,一个个逃回家去了。汉森呆呆地站了一会儿,决定亲自登门承认错误。刚搬来该市居住的基尔原谅了汉森,但仍将此事告诉了汉森的父母。

当晚,汉森向父亲表示,他愿意拿替人送报纸攒下来的钱赔偿基尔的损失。

第二天,汉森在父亲的陪同下,再度登门拜访基尔,说明来意,岂料基尔笑道:

"好吧,你如此诚实,又愿意承担责任,所以,我不但不要你赔偿,还愿意将这辆汽车送给你作为奖赏,反正这汽车是我打算弃掉的。"

由于汉森年纪还小,不能开车,这辆汽车暂由他的父亲代为保管。不过他已找人修理好车窗，经常给车子洗尘打蜡，像对待宝贝一样。

他倚着那辆1978年出厂的福特"野马"车说："我恨不得快快长大，好驾驶这辆车。我至今仍然不敢相信它是我的。"他还说："经过这次事件的教训，我更懂得诚实是可贵的。我一生都会诚实待人。"

逃难的国王

很多年以前，有一个国王，他在位期间国家一点都不太平。强大的邻国频繁地侵略他的国家，入侵者大都勇猛善战，几乎每战必胜。他的国家似乎就要灭亡了。

国王带着自己的军队抵抗着敌人的入侵，但经过多次奋战之后，国王的军队还是溃散了。每个人都各保其命，国王也是如此。他将自己伪装成一个牧羊人，独自逃进了一座森林。

经过了几天的流浪，他终于看到了一间伐木工人的小屋，便敲了敲小屋的门，开门的是伐木工人的太太。国王向他乞求一些食物，并请求暂住一宿。

国王的外表太寒酸了，伐木工人的太太完全不知道他真正的身份。

她说："如果你能帮我看着这些放在炉子上的蛋糕，我就

让你吃一顿晚饭。我想出去挤牛奶。小心看着蛋糕,在我出去的时候,不要让蛋糕烤焦了。"

国王靠着火炉坐下来。

他全神贯注地看着蛋糕,但没过多久,他的脑袋里就满是他自己的烦恼:怎样重整自己的军队,之后,又如何抵御敌人的进攻?他想得越多,就越觉得希望渺茫,甚至开始相信再继续奋战下去也是没有用的。国王完全忘了照看蛋糕的事。

过了一会儿,那个太太回来了。她发现她的小屋里满是烟,蛋糕变成了烧焦的脆片,而国王坐在炉灶边,出神地瞪着火焰,根本没有注意到蛋糕已经烤焦了。

那个太太生气地喊道:

"你这个懒惰没有用的家伙,看看你干的好事,你让我们都没有晚餐吃啦!"

国王从自己的思考中回过神来,只是惭愧地低着头。

这时,伐木工人回来了。他立刻认出了坐在炉灶边的陌生人是国王。

他对太太说:

"你知道你骂的人是谁吗?这是我们高贵的国王。"

他的太太吓坏了,赶紧跑到国王的身边跪下,乞求他原谅她刚刚这么严厉的话语。

但是,睿智的国王请她起身,说:

"你骂得没错,我说我会看好蛋糕,而我却把蛋糕烤焦了。我被你骂是应该的。任何人要是接受了一个责任,不管责任大小,都应该切实地完成应尽的本分。这次我搞砸了,但是绝不会再有下次了,我要去完成我当国王的责任。"

没过几天,国王就再度重整他的军队,并且很快将敌人打败了。

轻轻告诉你

勇敢地承认错误

俗话说："人非圣贤，孰能无过。"在这个世界上，任何人都有可能犯错误。

面对错误，有的人神情尴尬，一脸羞怯；有的人连连否认、强词夺理；也有的人坦然面对，认真改正。而其中只有勇敢地面对错误的人才会收获经验，只有虚心改正的人才不会再犯同样的错误。

勇敢承认错误，可以获得别人的谅解与信任。华盛顿小时候不小心把父亲心爱的樱桃树砍倒，他主动承认了错误。他后来之所以能成为美国总统，与他的诚实是分不开的。相反，不敢坦然承认错误，失去的就不止是谅解，更失去了一次勇敢面对自己的机会。法国著名的作家卢梭因为小时候的一次撒谎，多年来一直生活在深深的自责当中，受到良心的谴责。

勇敢承认错误，还可以得到意想不到的收获。《诚实的报偿》这个故事中的汉森打碎邻居的玻璃后，主动承认错误,不仅得到了谅解,还收获了一辆汽车。试想一下,如果他也像故事中其他小孩一样闯了祸后就一走了之,他可能会永远不敢坦然面对邻居,更不用说得到汽车了。

　　小读者们,错误并不可怕,可怕的是错误地面对错误。愿我们每个人,都能以积极的态度去面对错误,反思错误,然后改正错误,做好人生的选择。